EMPFOHLENES BUCH:

Wer bist du wirklich?
Ein Guide zu den 16 Persönlichkeitstypen
ID16™©

Jarosław Jankowski

Wieso sind wir so verschieden? Wieso nehmen
wir auf unterschiedliche Art Informationen auf,
entspannen anders, treffen anders
Entscheidungen oder organisieren auf
verschiedene Weiseunser Leben?

„Wer bist du wirklich?" erlaubt es Ihnen, sich
selbst und andere Menschen besser zu verstehen.
Der im Buch enthaltene Test ID16 hilft Ihnen
dabei, Ihren Persönlichkeitstyp festzustellen.

Ihr Persönlichkeitstyp:

Betreuer
(ISFJ)

Ihr Persönlichkeitstyp:
Betreuer
(ISFJ)

Serie ID16$^{TM©}$

JAROSŁAW JANKOWSKI

LOGOS
MEDIA

Ihr Persönlichkeitstyp: Betreuer (ISFJ)

Diese Veröffentlichung hilft Ihnen, Ihr Potenzial besser zu nutzen, gesunde Beziehungen zu anderen Menschen aufzubauen und richtige Entscheidungen auf Ihrem Bildungs- und Berufsweg zu treffen. Sie sollte aber keineswegs als Ersatz für eine fachliche psychologische oder psychiatrische Beratung angesehen werden.

Der Autor sowie der Herausgeber übernehmen keine Haftung für eventuelle Schäden, die aufgrund der Nutzung dieser Publikation entstanden sind.

ID16™© ist eine vom Autor geschaffene Persönlichkeitstypologie, die nicht mit Typologien und Tests anderer Autoren oder Institutionen verglichen werden kann.

Aus Gründen der Lesbarkeit wurde im Text die männliche Form gewählt, nichtsdestoweniger beziehen sich die Angaben auf Angehörige beider Geschlechter.

Originaltitel: Twój typ osobowości: Opiekun (ISFJ)

Übersetzung aus dem Polnischen: Wojciech Dzido, Lingua Lab, www.lingualab.pl

Redaktion: Martin Kraft, Lingua Lab, www.lingualab.pl

Technische Redaktion: Zbigniew Szalbot

Herausgeber: LOGOS MEDIA

Druckausgabe: ISBN 978-83-7981-123-6

eBook (EPUB): ISBN 978-83-7981-124-3

eBook (MOBI): ISBN 978-83-7981-125-0

Inhaltsverzeichnis

Einführung 9

ID16™© im Kontext Jungscher
Persönlichkeitstypologien 11

Der Betreuer (ISFJ).. 16

    Profil 16

    Allgemeines Charakterbild 18

    Sozialer Aspekt der Persönlichkeit............. 23

    Arbeit und Karriere 27

    Potenzielle starke und schwache Seiten 32

    Persönliche Entwicklung............................. 35

    Bekannte Personen...................................... 38

Die 16 Persönlichkeits- typen im Überblick 40

    Der Animateur (ESTP)................................ 40

    Der Anwalt (ESFJ) 42

    Der Berater (ENFJ)...................................... 43

Der Betreuer (ISFJ) 45

Der Direktor (ENTJ) 47

Der Enthusiast (ENFP) 48

Der Idealist (INFP) 50

Der Inspektor (ISTJ) 51

Der Künstler (ISFP) 53

Der Logiker (INTP) 55

Der Mentor (INFJ) 56

Der Moderator (ESFP) 58

Der Praktiker (ISTP) 59

Der Reformer (ENTP) 61

Der Stratege (INTJ) 62

Der Verwalter (ESTJ) 64

Anhang 66

Die vier natürlichen Veranlagungen 66

Geschätzter Anteil der einzelnen
Persönlichkeitstypen an der Bevölkerung
(in %) 68

Geschätztes prozentuales Verhältnis von Frauen
und Männern je nach Persönlichkeitstyp 69

Literaturverzeichnis 70

Einführung

Ihr Persönlichkeitstyp: Betreuer (ISFJ) stellt ein außergewöhnliches Nachschlagewerk zum *Betreuer* dar, einem der 16 Persönlichkeitstypen ID16$^{TM©}$.

Dieser Guide ist Teil der Serie ID16$^{TM©}$, die aus 16 Bänden besteht, die den einzelnen Persönlichkeitstypen gewidmet sind. Sie liefern auf eine ausführliche und verständliche Art und Weise Antworten auf folgende Fragen:

- Wie denken und fühlen Menschen, die zum jeweiligen Persönlichkeitstyp gehören? Wie treffen sie Entscheidungen? Wie lösen sie Probleme? Wovor haben sie Angst? Was stört sie?

- Mit welchen Persönlichkeitstypen kommen sie gut klar, mit welchen hingegen nicht? Was für Freunde, Lebenspartner, Eltern sind diese Menschen? Wie werden sie von anderen betrachtet?

- Was für berufliche Voraussetzungen haben sie? In was für einem Umfeld arbeiten sie am effektivsten? Welche Berufe passen am besten zu ihrem Persönlichkeitstyp?

- Was können sie gut und an welchen Fähigkeiten müssen sie noch feilen? Wie können sie ihr Potenzial ausschöpfen und Fallen aus dem Weg gehen?

- Welche bekannten Personen gehören zum jeweiligen Persönlichkeitstyp?

- Welche Gesellschaft verkörpert die meisten Charakterzüge des jeweiligen Typs?

In diesem Buch finden Sie ebenso die wichtigsten Informationen zur Persönlichkeitstypologie ID16$^{TM©}$.

Wir hoffen, dass es Ihnen dabei hilft, sich selbst und andere Menschen besser zu verstehen und kennenzulernen.

DIE HERAUSGEBER

ID16™©
im Kontext Jungscher
Persönlichkeitstypologien

ID16™© gehört zur Familie der sog. Jungschen Persönlichkeitstypologien, die auf der Theorie von Carl Gustav Jung (1875-1961) basieren – einem Schweizer Psychiater und Psychologen und einem der wichtigsten Vertreter der sog. Tiefenpsychologie.

Auf Grundlage langjähriger Forschungen und Beobachtungen kam Jung zur Schlussfolgerung, dass die Unterschiede in der Haltung und den Vorlieben von Menschen nicht zufällig sind. Er erschuf daraufhin die heute bekannte Unterscheidung in Extrovertierte und Introvertierte. Ferner unterschied Jung vier Persönlichkeitsfunktionen, die zwei gegensätzliche Paare bilden: Empfindung – Intuition und Denken – Fühlen. Jung betonte, dass in jedem dieser Paare eine der Funktionen dominierend ist. Er kam zur Einsicht, dass die dominierenden Eigenschaften eines jeden Menschen stetig und unabhängig von externen Bedingungen sind, ihre Resultante hingegen der jeweilige Persönlichkeitstypus ist.

Im Jahre 1938 erschufen zwei amerikanische Psychiater, Horace Gray und Joseph Wheelwright, den ersten Persönlichkeitstest, der auf der Theorie von Jung basierte und die Bestimmung dominierender Funktionen in den drei von ihm beschriebenen Dimensionen ermöglichte: **Extraversion-Introversion**, **Empfindung-Intuition** sowie **Denken-Fühlen.** Dieser Test wurde zur Inspiration für andere Forscher. Im Jahre 1942, ebenfalls in den USA, begannen wiederum Isabel Briggs Myers und Katharine Briggs ihren eigenen Persönlichkeitstest anzuwenden. Sie erweiterten das klassische, dreidimensionale Modell von Gray und Wheelwright um eine vierte Dimension: **Bewertung-Beobachtung**. Die meisten der späteren Typologien und Persönlichkeitstests, die auf der Theorie von Jung basierten, übernahmen daraufhin auch diese vierte Dimension. Zu ihnen gehört auch u. a. die amerikanische Studie aus dem Jahre 1978 von David W. Keirsey sowie der Persönlichkeitstest von Aušra Augustinavičiūtė aus den 1970er Jahren. In den folgenden Jahrzehnten folgten Forscher aus der ganzen Welt, womit sie weitere vierdimensionale Typologien und Tests erschufen, die an lokale Bedingungen und Bedürfnisse angepasst wurden.

Zu dieser Gruppe gehört die unabhängige Persönlichkeitstypologie ID16™©, die in Polen vom

Pädagogen und Manager Jarosław Jankowski erarbeitet wurde. Diese Typologie, die im ersten Jahrzehnt des 21. Jahrhunderts veröffentlicht wurde, basiert ebenfalls auf der klassischen Theorie von Carl Gustav Jung. Ähnlich wie auch andere moderne Jungsche Typologien reiht sie sich in die vierdimensionale Persönlichkeitsanalyse ein. Im Falle von ID16™© werden diese Dimensionen als **vier natürliche Veranlagungen** bezeichnet. Diese Veranlagungen haben einen dichotomischen Charakter, ihre Charakteristik hingegen liefert Informationen über die Persönlichkeit eines Menschen. Die Analyse der ersten Veranlagung hat die Bestimmung einer dominierenden **Lebensenergiequelle** zum Ziel (äußere oder innere Welt). Die zweite Veranlagung wiederum bestimmt die dominierende Art und Weise, wie **Informationen aufgenommen werden** (mithilfe von Sinnen oder Intuition). Die dritte Veranlagung hingegen determiniert die dominante **Entscheidungsfindung** (Verstand oder Herz). Die Analyse der letzten Veranlagung schlussendlich liefert den dominanten **Lebensstil** (organisiert oder spontan). Die Kombination aller natürlichen Veranlagungen ergibt im Endresultat einen von **16 möglichen Persönlichkeitstypen**.

Eine besondere Eigenschaft der Typologie ID16™© ist ihre praktische Dimension. Sie beschreibt die einzelnen Persönlichkeitstypen in der Praxis – auf der Arbeit, im Alltag oder in zwischenmenschlichen Kontakten und Beziehungen. Diese Typologie konzentriert sich nicht auf die innere Dynamik der Persönlichkeit und versucht nicht, eine theoretische Erklärung für innere, unsichtbare

Prozesse zu finden. Viel mehr versucht sie zu erläutern, wie die jeweilige Persönlichkeit nach außen wirkt und welchen Einfluss sie auf ihr Umfeld nimmt. Diese Fokussierung auf den sozialen Aspekt einer jeden Persönlichkeit stellt eine Gemeinsamkeit mit der o. g. Typologie von Aušra Augustinavičiūtė dar.

Jeder der 16 Persönlichkeitstypen ID16™© ist eine Resultante natürlicher Veranlagungen des Menschen. Die Zuschreibung zum jeweiligen Typus birgt aber keine Bewertung. Keiner der Typen ist besser oder schlechter als die anderen. Jeder von ihnen ist schlichtweg anders und verfügt über seine eigenen starken und schwachen Seiten. ID16™© erlaubt es, diese Unterschiede zu identifizieren und sie zu beschreiben. Er hilft einem dabei sich selbst zu verstehen und seinen Platz auf dieser Welt zu finden.

Die Tatsache, dass Menschen ihr eigenes Persönlichkeitsprofil kennen, erlaubt es ihnen, voll und ganz ihr Potenzial zu nutzen und an all jenen Gebieten zu arbeiten, die ihnen Probleme bereiten könnten. Es ist eine unschätzbare Hilfe im Alltag, bei der Suche nach Problemlösungen, beim Aufbau gesunder zwischenmenschlicher Beziehungen sowie bei der Entscheidungsfindung auf dem Bildungs- und Berufsweg.

Die Identifizierung des Persönlichkeitstypus ist kein willkürlicher oder mechanischer Prozess. Jeder Mensch ist als „Inhaber und Nutzer seiner Persönlichkeit" in vollem Maße kompetent zu entscheiden, zu welchem Typus er gehört. Somit haben Menschen eine Schlüsselrolle in diesem Prozess. Solch eine Selbstidentifizierung kann zum einen dadurch erfolgen, dass man sich die Beschreibungen aller 16 Persönlichkeitstypen durchliest und schrittweise die Auswahl einengt. Zum anderen kann man aber auch den schnelleren Weg wählen und den Persönlichkeitstest ID16™© ausfüllen. Auch in diesem Falle spielt der „Nutzer einer Persönlichkeit" die Schlüsselrolle, denn das Ergebnis des Tests hängt einzig und allein von seinen Antworten ab.

Die Identifizierung soll dabei helfen, sich selbst und andere zu verstehen, wenngleich sie keinesfalls als Orakel für die Zukunft angesehen werden sollte. Der Persönlichkeitstyp sollte zudem nie unsere Schwächen oder schlechte Beziehungen zu anderen Menschen rechtfertigen (obwohl er helfen sollte, die Gründe hierfür zu verstehen)!

Im Rahmen von ID16™© wird die Persönlichkeit nie als statisch, genetisch determinierter Zustand verstanden, sondern als Resultante angeborener und erworbener Eigenschaften. Solch eine Perspektive vernachlässigt nicht den freien Willen und kategorisiert nicht. Sie eröffnet viel mehr neue Perspektiven und regt zur Arbeit an sich selbst an, indem sie Bereiche aufzeigt, in denen dies am meisten benötigt wird..

Der Betreuer (ISFJ)

Profil

Lebensmotto: *Mir liegt viel an deinem Glück.*

Herzlich, bescheiden, vertrauenswürdig und überaus loyal. An erster Stelle stehen für *Betreuer* andere Menschen. Sie erkennen ihre Bedürfnisse und möchten ihnen helfen. Sie sind praktisch, gut organisiert und verantwortungsbewusst. Ferner zeichnen sie sich durch Geduld, Fleiß und Ausdauer aus. Sie führen ihre Pläne zu Ende.

Betreuer bemerken und prägen sich Details ein. Sie schätzen Ruhe, Stabilität und freundschaftliche Beziehungen zu anderen Menschen. Darüber hinaus vermögen sie es, Brücken zwischen Menschen zu bauen. Sie vertragen nur schlecht Kritik und Konflikte. *Betreuer* verfügen über ein starkes Pflichtbewusstsein und sind stets bereit anderen zu helfen. Manchmal werden sie von anderen ausgenutzt.

Natürliche Veranlagungen des *Betreuers*

- Die Quelle seiner Lebensenergie: seine innere Welt.
- Informationsaufnahme: Sinne.
- Art und Weise wie Entscheidungen getroffen werden: Herz.
- Lebensstil: organisiert.

Ähnliche Persönlichkeitstypen

- *Künstler*
- *Anwalt*
- *Moderator*

Statistische Angaben

- *Betreuer* stellen ca. 8-12 % der Gesellschaft dar.
- Unter *Betreuern* überwiegen Frauen (70 %).
- Das Land, welches dem Profil des *Betreuers* entspricht, ist Schweden.[1]

Buchstaben-Code

Der universelle Code des *Betreuers* ist in den Jungschen Persönlichkeitstypologien ISFJ.

---

[1] Dies bedeutet nicht, dass alle Einwohner von Schweden zu dieser Gruppe gehören, wenngleich die schwedische Gesellschaft – als Ganzes – viele charakteristische Eigenschaften der *Betreuer* verkörpert.

Allgemeines Charakterbild

Betreuer mögen Menschen! Unter all den introvertierten Typen sind sie am offensten für andere Menschen. Sie interessieren sich für ihre Erlebnisse und Probleme und sind sich ihrer Gefühle bewusst. Ihr ganzes Leben hindurch „überwachen" *Betreuer* ihr Umfeld auf der Suche nach Menschen, die Hilfe brauchen.

In den Augen anderer Menschen

Andere Menschen sehen in *Betreuern* herzliche, sympathische und stets hilfsbereite Personen. Sie genießen den Ruf freundschaftlicher, ruhiger und bescheidener Menschen. Die Bedürfnisse anderer Menschen haben bei *Betreuern* allerhöchste Priorität, Hilfestellung wiederum ist ihr natürliches Bedürfnis. Sie erkennen in Menschen positives Potenzial und vermögen es, aus ihnen das Beste zu fördern. Ihre Haltung bewirkt, dass sie allgemein beliebt sind.

Gegenüber anderen Menschen

Mitleid für Bedürftige – Arme, Leidende, Geschädigte – stellt für sie eine riesige Kraft dar, die sie zum Handeln motiviert. Sie betreuen gerne all jene, die es benötigen, und unterstützen sie praktisch und emotional (daher auch die Bezeichnung für diesen Persönlichkeitstyp). *Betreuer* möchten andere vor Leid, falschen Entscheidungen und unangenehmen Erfahrungen schützen. Sie scheuen keine Zeit, um anderen Menschen bei ihren Problemen zu helfen. Ihre Unterstützung ist jedoch sehr diskret und taktvoll, sie selbst drängen sich nicht auf und verlangen keine Anerkennung.

Organisation

Betreuer sind pflichtbewusst, arbeitsam und gut organisiert. Sie machen keinen Rummel um ihre Person und sind sparsam mit Worten. Sie haben ein „Talent für Details" – sie erinnern sich an Einzelheiten, die andere nicht bemerken, was auch zwischenmenschliche Beziehungen betrifft, da es vorkommt, dass *Betreuer* sich nach Jahren an gewisse Aussagen, spezifische Gesten oder Gesichtsausdrücke erinnern.

Sie glauben ernsthaft an Menschen und erkennen in ihnen das Beste. *Betreuer* schätzen eine harmonische Zusammenarbeit, eine herzliche und freundliche Atmosphäre sowie Sicherheit und Stabilität. Das Gute imponiert ihnen. Sie streben Frieden und Versöhnung an und meiden Konflikte und Streitigkeiten. *Betreuer* mögen keine unvorhergesehenen Situationen und plötzlichen Veränderungen. Sie bevorzugen es, wenn alles nach Plan läuft. Für gewöhnlich schätzen sie Traditionen und bewährte Handlungsmethoden, die die Probe der Zeit überdauert haben. An neue Lösungen treten sie mit einem gewissen Misstrauen heran, wenngleich *Betreuer* imstande sind, sie anzunehmen, wenn sie offensichtliche Vorteile erkennen, die aus ihnen resultieren.

Betreuer mögen keine Vergeudung. Sie sind von Natur aus sparsam und rechnen mit der Ungewissheit des nächsten Tages, weswegen sie für gewöhnlich Geld für „schlechtere Zeiten" aufbewahren.

Gedanken

In ihrer inneren „Datenbank" sammeln sie Informationen über Ereignisse, die sie selbst oder andere Menschen betreffen. Sie vermögen es, neue Informationen mit früheren Erfahrungen zu verbinden. *Betreuer* haben eine klare Vision dessen, wie die Welt sowie die Beziehungen zwischen Menschen aussehen sollten. Dies ist für sie der Ausgangspunkt für ihr Handeln – ihre Taten stellen die praktische Realisierung ihrer Vision dar.

Betreuer sind von Natur aus Praktiker und verlieren selten Zeit für abstrakte Theorien. Der Umgang mit Meinungen und Ansichten, die sich von ihren eigenen unterscheiden, stellt für sie ein Problem dar, da es bei ihnen zu Unbehagen und innerer Unruhe führt, weswegen sie für gewöhnlich versuchen, andere Meinungen mit ihrer in Einklang zu bringen oder zumindest die gegenseitigen Unterschiede zu verringern.

Kommunikation

Betreuer sind sehr gute Zuhörer. Auch wenn sie selber nicht viel sagen, sehen andere in ihnen gute Gesprächspartner. Am besten fühlen sie sich in einer intimen Atmosphäre, weswegen sie auch Gespräche unter vier Augen bevorzugen. Wenn *Betreuer* mit einer Person sprechen, verstehen sie es, sich voll und ganz auf das besprochene Thema zu konzentrieren.

Schwer fällt es ihnen hingegen, andere Menschen zu kritisieren oder öffentlich ihre Missbilligung zu bekunden. Einige Menschen nehmen es ihnen übel, dass sie es nicht vermögen, andere direkt zu kritisieren, sondern dies hinter ihrem Rücken machen.

Wenn sie eine Frage diskutieren oder sich für eine Präsentation vorbereiten sollen, mögen *Betreuer* es, genügend Zeit zum Nachdenken und zur Vorbereitung zu haben. Sie haben ein Gefühl für die Kontinuität von Prozessen, sind geordnet und mögen es, Dinge in der richtigen Reihenfolge zu machen. Ihre Reden sind für gewöhnlich ruhig, wenngleich sie es verstehen, ihre Zuhörer zu bewegen. In der Regel fällt es *Betreuern* schwer, Kontakt mit Menschen zu knüpfen, die chaotisch, ständig zerstreut, unpünktlich und unzuverlässig sind.

Entscheidungen

Betreuer meiden Risiko und all jenes, was für sie fremd ist. Eine Entscheidung treffen sie Schritt für Schritt, denn sie mögen keine Eile und brauchen Zeit, um in Ruhe alle Optionen zu erwägen. Wenn sie über etwas nachdenken, notieren sie sich die verschiedenen Möglichkeiten oftmals auf einem Blatt Papier. Die endgültige Entscheidung treffen *Betreuer* aufgrund von Fakten und früheren Erfahrungen. Sie denken stets darüber nach, welchen Einfluss die jeweilige Entscheidung auf andere Menschen ausübt und wie sie von ihnen aufgenommen wird.

Für gewöhnlich haben *Betreuer* ein sehr starkes Pflichtbewusstsein. Wenn sie um Hilfe oder einen Gefallen gebeten werden, lehnen sie selten ab. Deswegen werden sie auch oftmals von anderen ausgenutzt und von Pflichten erdrückt. Aber auch in solchen Situationen beschweren und beklagen sich *Betreuer* für gewöhnlich nicht, da sie die guten Beziehungen zu anderen Menschen wahren möchten.

Ästhetik

Das Zuhause und die Arbeitsplätze von *Betreuern* heben sich nicht nur durch Ordnung, aber auch durch eine funktionale Inneneinrichtung und geschmackvolle Ausstattung hervor. Ferner sind sie sehr gemütlich – Menschen verbringen dort gerne ihre Zeit. *Betreuer* verfügen über ein hervorragendes räumliches Gespür. Sie vermögen es, Räume gut auszunutzen und sind empfänglich für Schönheit.

Betreuer legen großen Wert auf Jahrestage und Geburtstage anderer Menschen. Sie verleihen ihrer Sympathie mithilfe von netten Gesten und Überraschungen Ausdruck. Ferner vermögen es *Betreuer*, Leidenschaften, Vorlieben und Bedürfnisse anderer zu erkennen, weswegen ihre Geschenke (auch Kleinigkeiten) meistens sehr viel Freude bereiten, da sie nicht nur stillvoll, aber auch überaus durchdacht und an die Interessen und Vorlieben der Beschenkten angepasst sind.

Freizeit

Betreuer vermögen es nur dann zu entspannen, wenn sie wissen, dass sie ihre Aufgaben erfüllt haben. Für gewöhnlich nehmen sie aber so viele Pflichten auf sich, dass sie nur wenig Freizeit haben. Darüber hinaus unterscheidet sich ihre Vorstellung von „Freizeit" von der herkömmlichen Vorstellung. *Betreuer* nutzen nämlich „Freizeit", um ihrer Familie und ihren Freunden zu helfen. Es passiert eher selten, dass sie sie für eigene Vergnügungen nutzen.

Sozialer Aspekt der Persönlichkeit

Die Bindungen zwischen *Betreuern* und anderen Menschen haben einen besonderen, persönlichen Charakter. Sie sehen andere Menschen nicht nur als Kollegen, Vorgesetzte, Mitarbeiter, Kunden oder Schützlinge an, aber auch als Menschen, die ihre Welt, ihre Leidenschaften, Gefühle und Emotionen haben. Der Kern der Beziehungen zu ihnen ist ihr Dienst.

Betreuer möchten sich nützlich fühlen und brauchen die Bestätigung, dass sie ihre Arbeit gut machen und dass ihre Meinung von anderen geteilt wird. Zwar bringen sie Lob und öffentliche Ehren in Verlegenheit, doch umso schwieriger fällt es ihnen, menschliche Gleichgültigkeit zu verkraften. Deprimierend wirkt auf *Betreuer* auch offene Kritik. In Stresssituationen beginnen sie über verschiedene schwarze Szenarien nachzudenken. Sie stellen sich verschiedene Unglücke vor, die sie ereilen könnten. Ferner verlieren sie dann den Glauben an ihre Fähigkeiten und sehen der Zukunft pessimistisch entgegen.

Betreuer helfen gerne anderen Menschen, wenngleich sie selbst sich nichts anmerken lassen, wenn sie selbst Probleme haben, da sie andere Menschen nicht mit ihren Schwierigkeiten belasten möchten. Für gewöhnlich äußern sie auch nicht ihre Unzufriedenheit und tendieren dazu, Emotionen zu unterdrücken. Nach einer langen Periode, in der sie so handeln, kann es wiederum – zum großen Erstaunen anderer – zu einem unkontrollierten Wutausbruch kommen.

Unter Freunden

Betreuer sind wirklich am Leben und den Problemen ihrer Freunde interessiert. Sie behandeln Freundschaften nicht instrumental, bspw. als Mittel zur Selbstdarstellung oder zum Aufbau einer Karriere. Freundschaftliche Bindungen behandeln sie als wichtiges Element ihrer Welt, weswegen sie ihre Verpflichtung sehr ernst nehmen und ihre Freundschaften gewöhnlich ein Leben lang halten. Freunde schätzen *Betreuer* dafür, dass sie nicht selbstfixiert sind, die Bedürfnisse und Probleme anderer Menschen erkennen, dass man sich immer auf sie verlassen kann und dass ihr Interesse authentisch und ehrlich ist.

Die unter *Betreuern* gängige positive Einstellung zu Menschen sowie die Fähigkeit, wertvolle Eigenschaften in jedem Menschen zu entdecken, bewirken, dass sie sich mit allen Persönlichkeitstypen gut verstehen. Am häufigsten freunden sie sich jedoch mit *Künstlern, Anwälten, Mentoren* und anderen *Betreuern* an. Am seltensten hingegen mit *Reformern, Logikern* und *Direktoren.*

Nach Zeiträumen intensiver Aktivität oder längerer Zeit in einer Gruppe brauchen *Betreuer* Ruhe, Einsamkeit und Zeit, um ihre Gedanken zu fassen und Energie zu sammeln. Dies bedeutet aber keineswegs eine Abneigung gegenüber Menschen.

In der Ehe

Familie ist für *Betreuer* der zentrale Punkt ihres Lebens. Für gewöhnlich schätzen sie traditionelle Werte und sind ihren Nächsten sehr ergeben. Sie sorgen sich um sie, um ihre Sicherheit und ihr Wohlbefinden. Ferner bemühen sie sich um gute und gesunde Beziehungen, für die sie viel Energie aufwenden. Ihre Gefühle sind sehr intensiv, obwohl man sie nicht immer mit dem „bloßen Auge" zu erkennen vermag. *Betreuer* äußern ihre Gefühle nämlich nicht in Worten, sondern in konkreten Taten und netten, herzlichen Gesten. Sie selbst schätzen ebenfalls jegliche Anzeichen von Hingabe, Liebe oder Dankbarkeit seitens ihrer Lebenspartner. *Betreuer* sind sehr treue und unglaublich loyale Partner, ihre Beziehungen wiederum halten für gewöhnlich ein Leben lang. Ihre Pflichten nehmen *Betreuer* auch sehr ernst.

Das Verhältnis zu ihrem Lebenspartner hat für *Betreuer* höchste Priorität. Es fällt ihnen schwer, eine Beziehung abzubrechen (sogar eine schlechte, schädliche oder toxische) oder sich mit der Tatsache abzufinden, dass ihr Partner sie verlassen hat. In der Regel schieben sie sich in solchen Situationen selbst die Schuld zu und suchen nach eigenen Fehlern und Mängeln. Von Natur aus uneigennützig und auf die Bedürfnisse anderer konzentriert, werden *Betreuer* gelegentlich ausgenutzt und akzeptieren diesen Zustand auch noch. Sie kommen schlecht mit Konfliktsituationen zurecht und vermeiden reizbare Themen. *Betreuer* ziehen es vor, Probleme zu verschweigen, sie geduldig zu ertragen oder so zu tun, als ob es sie nicht gäbe.

Natürliche Kandidaten als Lebenspartner sind für *Betreuer* Personen mit verwandten Persönlichkeitstypen: *Künstler, Anwälte* oder *Moderatoren*. In solchen Beziehungen ist es für sie einfacher, gegenseitiges Verständnis und harmonische Beziehungen aufzubauen. Die Erfahrung zeigt aber, dass *Betreuer* auch imstande sind, gelungene, glückliche Beziehungen mit Personen einzugehen, deren Typ offensichtlich völlig verschieden ist. Umso interessanter sind diese Beziehungen, da die Unterschiede zwischen den Partnern der Beziehung Dynamik verleihen und Einfluss auf die persönliche Entwicklung nehmen können.

Als Eltern

Betreuer sind sehr verantwortungsbewusste Eltern. Sie sorgen sich um die Bedürfnisse ihrer Kinder und nehmen ihre elterlichen Pflichten sehr ernst. Ihrer Überzeugung nach sollten Kinder so früh wie möglich richtiges Verhalten und Verantwortung beigebracht bekommen. *Betreuer* möchten ihren Nachwuchs zu unabhängigen und verantwortungsbewussten Menschen erziehen.

Sie sind entschiedene, aber zugleich sehr ergebene Eltern. Für gewöhnlich führen sie in ihre Häuser klare Regeln ein, dank deren ihre Kinder zum einen wissen, wie sie sich verhalten sollten, zum anderen sich sicher fühlen. Manchmal haben *Betreuer* aber Schwierigkeiten damit, ihre Regeln durchzusetzen und ihre Kinder zu disziplinieren. Bevor sie ihre Kinder bestrafen, müssen *Betreuer* erst sicher sein, dass es gut für ihren Nachwuchs sein wird.

Die Kinder von *Betreuern* nutzen ihre Aufopferung oftmals aus, denn sie gehen von vornerein davon aus, dass ihre Eltern alles für sie machen werden. Wenn erwachsene Kinder von *Betreuern* Probleme haben, sind jene dazu fähig, bei sich die Schuld zu suchen. Für gewöhnlich sind diese Überlegungen aber falsch, denn *Betreuer* sind sehr gute Eltern, die ihren Kindern ein sicheres und herzliches Zuhause bieten. Nach vielen Jahren schätzen Kinder von *Betreuern* ihre Eltern für ihre Opferbereitschaft und Sorge, wie auch dafür, dass sie ihnen gesunde Regeln und Verantwortungsbewusstsein beigebracht haben.

Arbeit und Karriere

Betreuer sind sehr ausdauernd und bereit, Opfer zu bringen und auf ihr Vergnügen zu verzichten. Sie finden sich gut in einer Arbeit zurecht, deren Kern es ist, Hilfe zu leisten bzw. Menschen, die es alleine nicht schaffen, zu unterstützen. Sie mögen Aufgaben, dank deren sie menschliche Probleme lösen können. Wenn sie im Privatsektor arbeiten, beraten sie andere Menschen gerne und helfen ihnen bei der Wahl des besten Produkts bzw. der besten Dienstleistung. In sozialen Institutionen hingegen betreuen sie aufopfernd hilfsbedürftige Menschen.

Umfeld

Wenn *Betreuer* an einer Aufgabe arbeiten, brauchen sie einige Augenblicke der Ruhe, um – fern ab des Lärms anderer Menschen – sich vorzubereiten und ihr Handeln zu überdenken. Wenn sie es für notwendig erachten, engagieren sie sich aber genauso gut für Teamarbeit. Sie fühlen sich am besten in kleinen Gruppen, in die sie eine angenehme, herzliche Atmosphäre einbringen und eine Stütze für ihre Kollegen darstellen. Oftmals helfen sie ihrem Team, einen Konsens zu erreichen.

Betreuer mögen reguläre, gut vorbereitete Treffen, deren Termin und Programm im Vorfeld bekannt ist. Dahingegen sind sie keine Freunde von Überraschungen, Improvisation sowie der Besprechung von Problemen ohne vorherige Überlegungen. Wichtig ist für sie die Gewissheit, dass sie einer größeren Gruppe oder Gemeinschaft angehören, mit der sie sich identifizieren können. Sie mögen Unternehmen mit einer festgelegten Struktur, deren Organisationsstruktur Spannungen unter den Mitarbeitern lindert.

Aufgaben

Betreuer vermögen es, Dinge zu Ende zu bringen. Gut ausgeführte Arbeit erfüllt sie mit riesiger Zufriedenheit. Sie sind sehr penibel und imstande, sich auf Einzelheiten zu konzentrieren. Im Gegensatz zu vielen anderen Menschen sind sie Routinearbeiten nicht abgeneigt. Ihre Zuverlässigkeit, freundliche Gesinnung gegenüber anderen Menschen sowie der Wille, anderen zu helfen, bewirken, dass sie sehr willkommene Mitarbeiter sind. Am liebsten befassen sich *Betreuer* mit Dingen, von denen sie Ahnung haben und in denen sie erfahren sind. Wenn sie eine neue Aufgabe bekommen, brauchen sie mehr Zeit als andere um sich einzuarbeiten, woraufhin sie diese aber im Endeffekt auch genauer erfüllen. Sie mögen Aufgaben mit klar definierten Zielen.

Betreuer sind überaus loyale Mitarbeiter, die sich voll und ganz für die Realisierung von Unterfangen engagieren. Infolgedessen sind sie nicht imstande, Kollegen zu verstehen, die bewusst ihren Pflichten nicht nachgehen.

Vorlieben

Anleitungen, Vorschriften und Regeln stellen für *Betreuer* den Ausgangspunkt dar. Sie mögen es zu wissen, was sie machen sollen und wie es zu bewerkstelligen ist. Dabei verstehen sie es, sich an die vorhandenen Regeln und Vorgaben anzupassen. Wiederum gehören Situationen nicht zu ihren Stärken, in denen sie etwas Neues erfinden sollen oder „unbekanntes Terrain" betreten müssen. Fehlende konkrete Instruktionen oder fehlende Erfahrungen aus der Vergangenheit, auf die sie sich stützen könnten, führen dazu, dass sie den Boden unter den Füßen verlieren. Sie kommen ebenfalls schlecht mit Situationen zurecht, die von ihnen schnelle Entscheidungen und Improvisation verlangen. Darüber hinaus sind *Betreuer* keine Freunde von organisatorischen Veränderungen, neuen Prozeduren und Umgestaltungen. Sie bevorzugen viel mehr ein stabiles Umfeld, in dem sich nicht viel verändert.

Vorgesetzte

Betreuer schätzen gut organisierte Vorgesetzte, die die Hingabe und Aufopferung ihrer Mitarbeiter anerkennen und ihnen die nötige Unterstützung bieten. Sie verstehen klare Vorgaben, konkrete Ziele und verständliche Regeln, die für alle Mitarbeiter gelten.

Betreuer bevorzugen es, Einfluss auf den Lauf der Dinge und Entscheidungsfindungen zu haben. Selbst sind sie aber ungern Führungskräfte, da sie lieber im Hintergrund agieren und ihre Anführer unterstützen. Auf diese Art und Weise meiden sie die Notwendigkeit, Menschen zu disziplinieren, sie zu tadeln, Konflikte zu lösen oder unbeliebte Entscheidungen zu treffen.

All jene *Betreuer*, die aber Führungskräfte sind, führen sehr hohe Qualitätsstandards ein und sorgen für eine hohe Arbeitseffizienz. *Betreuer* dulden keine Anzeichen von Vergeudung. Sie zeigen ihren Mitarbeitern klare und konkrete Ziele auf und unterstützen sie bei deren Realisierung. „Unangenehme Gespräche" mit dem Personal wiederum erschöpfen und stressen sie weitaus mehr als ihre Mitarbeiter selbst. *Betreuer* haben ferner ein Problem damit, jemandem Anweisungen zu erteilen (sie fühlen sich dabei unwohl) sowie Arbeit zu delegieren (sie übernehmen Aufgaben oftmals selbst, die eigentlich ihren Mitarbeitern zu übertragen wären). Dies führt zu Ermüdung, die Mitarbeiter hingegen verlieren dadurch die Möglichkeit, sich fortzubilden und ihre Fähigkeiten auszubauen.

Berufe

Das Wissen über das eigene Persönlichkeitsprofil sowie die natürlichen Präferenzen stellen eine unschätzbare Hilfe bei der Wahl des optimalen Berufsweges dar. Die Erfahrung zeigt, dass *Betreuer* mit Erfolg in verschiedenen Bereichen arbeiten und aufgehen können. Doch dieser Persönlichkeitstyp prädisponiert sie auf natürliche Art und Weise zu folgenden Berufen:

- Administrator,
- Arzt,
- Bauarbeiter,
- Berater,
- Bibliothekar,
- Buchhalter,
- Büroleiter,
- Designer,
- Experte für Arbeitnehmerrechte,
- Gärtner,
- Geistlicher,
- Immobilienvertreter,
- Innenarchitekt,
- Kurator,
- Landwirt,
- Lehrer,
- Manager,
- Medizintechniker,
- Mitarbeiter in der Sozialhilfe,
- Musiker,
- Physiotherapeut,
- Psychologe,
- Sanitäter,
- Schauspieler,
- Therapeut,
- Tierarzt,

- Trainer,
- Verkäufer,
- Verwalter,
- Unternehmer,
- Versicherungsvertreter.

Potenzielle starke und schwache Seiten

Ähnlich wie auch andere Persönlichkeitstypen haben *Betreuer* potenzielle starke und schwache Seiten. Dieses Potenzial kann auf verschiedenste Weise ausgeschöpft werden. Glück im Privatleben sowie Erfolg im Beruf hängen bei *Betreuern* davon ab, ob sie die Chancen, die mit ihrem Persönlichkeitstyp verknüpft sind, nutzen und ob sie den Gefahren auf ihrem Weg die Stirn bieten können. Im Folgenden eine ZUSAMMENFASSUNG dieser Chancen und Gefahren:

Potenzielle starke Seiten

Betreuer sind sehr verantwortungsbewusst und nehmen ihre Verpflichtungen sehr ernst. Sie sind arbeitsam, ausdauernd, opferbereit und geduldig. *Betreuer* widmen der Erfüllung ihrer Aufgaben viel Zeit und Energie. Sie verstehen es, Angelegenheiten zu Ende zu bringen und sich von Schwierigkeiten und Hindernissen nicht aufhalten zu lassen. Sie sind offen für andere Menschen und interessieren sich ehrlich für ihr Wohl, wobei sie ihre Gefühle, Leidenschaften und Emotionen zu deuten wissen. Sie sind herzlich, diskret, loyal, uneigennützig und auf die Bedürfnisse anderer fixiert (sie stehen bei ihnen an vorderster Stelle).

Betreuer sind zudem hervorragende Zuhörer – andere Menschen fühlen sich sehr wohl in ihrer Gesellschaft. Sie vermögen es, all jene praktisch und emotional zu unterstützen, die Hilfe brauchen oder sich in einer Krise befinden. Es handelt sich bei *Betreuern* um Menschen des Konsens – sie erschaffen eine gesunde und konstruktive Atmosphäre und versuchen stets Brücken zwischen Menschen aufzubauen und ihnen bei der Suche nach Kompromissen zu helfen.

Betreuer verfügen über eine ausgezeichnete räumliche Vorstellungskraft sowie einen praktischen Sinn. Sie sind sehr geordnet und langweilen sich auch bei Routinearbeiten nicht. Ferner vermögen sie es, komplexe Prozeduren anzuwenden und effektiv mit Mitteln umzugehen. *Betreuer* haben ein natürliches Organisationstalent, ein „Auge für Details" sowie ein hervorragendes Gedächtnis – sie erinnern sich an Aspekte, die der Aufmerksamkeit anderer entgleiten.

Potenzielle schwache Seiten

Ihre Fixierung auf die Unterstützung anderer Menschen sowie ihre geringe Durchsetzungsfähigkeit bewirken, dass *Betreuer* sich nicht immer um ihre eigenen Bedürfnisse kümmern und ihre eigenen Interessen verteidigen. Oftmals sind sie auch nicht imstande, ihre eigenen Erwartungen zu äußern oder ihre Meinung in Worte zu fassen (vor allem, wenn es Kritik ist). *Betreuer* sind darüber hinaus für Betrug, Manipulationen und Ausnutzung anfällig. Sie tendieren dazu, reizbare Themen zu verschweigen und schwierige (wenngleich wichtige) Gespräche zu meiden. *Betreuer* sind nicht imstande, schädliche oder toxische Beziehungen zu beenden. Ferner sind sie nicht kritikfähig und für Krisensituationen schlecht gewappnet.

Darüber hinaus kommen *Betreuer* schlecht mit Bereichen klar, die für sie komplett neu sind. Sie sind wenig flexibel und verlieren in Situationen, die nach schnellen Entscheidungen und Improvisationstalent verlangen, den Boden unter den Füßen. *Betreuer* haben auch Probleme mit der Abordnung von Pflichten und tendieren dazu, anderen auszuhelfen. Sie sind Personen mit sehr intensiven Empfindungen, die aber Probleme damit haben, sie auszudrücken. Manchmal „ersticken sie" ihre negativen Gefühle, was zu unkontrollierten und destruktiven Wutausbrüchen führt.

Betreuer haben oftmals Schwierigkeiten damit, die Realität aus einer breiten Perspektive zu betrachten sowie Ansichten und Meinungen zu verstehen, die nicht mit ihren eigenen einhergehen. Alleine die Tatsache, dass sie mit ihnen in Berührung kommen, bewirkt bei ihnen oftmals großes Unbehagen. Ferner tendieren *Betreuer* dazu, sofort alles zu verneinen und abzulehnen, was nicht zu ihren Ansichten passt, da sie ihre Ideen als die einzig richtigen ansehen. Eine Kritik ihrer Meinung oder ihrer Taten erachten sie oftmals als persönlichen Angriff und ein Anzeichen dafür, dass sie Menschen enttäuscht haben.

Persönliche Entwicklung

Die persönliche Entwicklung von *Betreuern* hängt davon ab, in welchem Grad sie ihr natürliches Potenzial nutzen und ob sie die Gefahren, die in Verbindung mit ihrem Typ stehen, zu bewältigen vermögen. Die folgenden praktischen Tipps stellen eine Art Dekalog des *Betreuers* dar.

Haben Sie keine Angst vor Ideen und Meinungen anderer Menschen

Offenheit gegenüber den Ansichten anderer Menschen muss nicht zwangsweise bedeuten, dass Sie Ihre eigene Meinung verwerfen müssen. Haben Sie keine Angst vor den Ideen und Ansichten anderer Menschen, die sich von Ihrer Meinung unterscheiden. Bevor Sie sie ablehnen, denken Sie darüber nach und versuchen Sie, sie zu verstehen.

Betrachten Sie Probleme aus einer breiteren Perspektive

Versuchen Sie stets einen breiteren Kontext zu erkennen und Probleme aus verschiedenen Perspektiven und Blickwinkeln unterschiedlicher Leute zu betrachten. Lassen Sie sich beraten und erwägen Sie andere Standpunkte. Versuchen Sie ebenfalls verschiedene Aspekte eines Problems zu durchleuchten.

Lernen Sie, „Nein" zu sagen

Wenn Sie mit etwas nicht einverstanden sind, haben Sie keine Angst davor, dies auch zu äußern.

Wenn Sie nicht imstande sind, eine weitere Aufgabe zu übernehmen, dann lehnen Sie sie einfach ab. Lernen Sie, „Nein" zu sagen. Vor allem dann, wenn Sie spüren, dass jemand Ihre Hilfe ausnutzt oder versucht, Sie bei etwas einzuspannen.

Haben Sie keine Angst vor neuen Erfahrungen

Versuchen Sie jede Woche oder jeden Monat etwas Neues aus. Besuchen Sie Orte, an denen Sie noch nicht waren. Sprechen Sie mit Menschen, die Sie vorher nicht gekannt haben. Nehmen Sie Aufgaben an, die Sie vorher nie hatten. Dies wird Ihnen viele wertvolle Ideen bringen und bewirkt, dass Sie die Welt aus einer breiteren Perspektive betrachten.

Haben Sie keine Angst vor Konflikten

Auch zwischen sich sehr nahestehenden Personen kommt es manchmal zu Meinungsverschiedenheiten. Konflikte bedeuten aber nicht zwangsweise etwas Destruktives. Sehr oft helfen sie dabei, Probleme aufzuzeigen und sie zu lösen! Stecken Sie also nicht Ihren Kopf in den Sand, wenn Sie sich in einer Konfliktsituation befinden. Versuchen Sie viel mehr klar Ihren Standpunkt sowie Ihre Empfindungen bzgl. des Problems zu vertreten.

Lassen Sie einige Angelegenheiten ihren natürlichen Lauf nehmen

Es wird Ihnen nicht gelingen, alles unter Kontrolle zu haben. Sie werden nicht imstande sein, jedes

Problem zu kontrollieren. Lassen Sie also weniger wichtige Angelegenheiten ihren natürlichen Lauf nehmen. Sie werden so viel mehr Energie sparen können und Frust vermeiden.

Helfen Sie anderen nicht aus

Sie möchten anderen Menschen helfen, aber wenn Sie ihnen überall aushelfen, dann werden sie es nie selbst lernen. Sie wiederum werden ständig überlastet sein. Wenn Sie also anderen helfen, müssen Sie ihnen erlauben, die Verantwortung für ihr Leben zu übernehmen, Fehler zu machen und Konsequenzen aus ihnen für die Zukunft zu ziehen.

Lassen Sie sich von anderen helfen

Sie gehen von der Annahme aus, dass es Ihre Aufgabe ist, anderen Menschen zu helfen und es für gewöhnlich so ist, dass andere bei Ihnen Unterstützung suchen. Wenn Sie aber ein Problem haben, sollten Sie nicht davor zurückschrecken, auch andere Menschen im Gegenzug um Hilfe zu bitten und diese anzunehmen!

Haben Sie keine Angst vor Kritik

Haben Sie keine Angst, kritisch zu sein und Kritik seitens anderer Menschen anzunehmen. Kritik kann konstruktiv sein und muss nicht unbedingt einen Angriff auf andere Menschen oder die Anzweiflung ihrer Werte bedeuten.

Seien Sie besser zu sich selbst

Versuchen Sie sich selbst auf die gleiche Art und Weise zu helfen, wie Sie sich um das Glück und

Wohlbefinden anderer Menschen kümmern. Seien Sie verständnisvoller zu sich selbst. Versuchen Sie manchmal ihre Verpflichtungen ruhen zu lassen und etwas einfach zum Vergnügen zu machen, zur Erholung, zum Spaß…

Bekannte Personen

Eine Liste bekannter Personen, die dem Profil des *Betreuers* entsprechen:

- **Alfred Tennyson** (1809-1892) – einer der angesehensten britischen Dichter (u. a. *Die Lady von Shalott*);
- **Charles Dickens**, eigtl. Charles John Huffam Dickens (1812-1870) – britischer Schriftsteller, einer der herausragendsten Vertreter des Sittenromans (u. a. *Oliver Twist*);
- **Louisa May Alcott** (1832-1888) – US-amerikanische Schriftstellerin und Vorreiterin der Frauenliteratur, ehrenamtliche Sanitäterin während des Sezessionskriegs;
- **Mutter Teresa von Kalkutta**, eigtl. Agnes Gonxha Bojaxhiu (1910-1997) – indische Ordensschwester und Missionarin albanischer Herkunft, die in Indien humanitäre Hilfe geleistet hat, Friedensnobelpreisträgerin;
- **William Shatner** (geb. 1931) – kanadischer Schauspieler (u. a. *Star Trek*);
- **Connie Sellecca** (geb. 1955) – US-amerikanische TV- und Filmschauspielerin (u. a. *Das Geheimnis des wilden Mustangs*);

- **Diana, Fürstin von Wales**, eigtl. Lady Diana Frances Spencer (1961-1997) – erste Ehefrau von Charles, Fürst von Wales, und Mutter zweier Kinder, engagierte sich sehr im Wohltätigkeitsbereich;
- **Michael Jordan** (geb. 1963) – US-amerikanischer Basketballer, gilt als der beste Spieler aller Zeiten;
- **Kiefer Sutherland** (geb. 1966) – US-amerikanischer Schauspieler (u. a. *Eine Frage der Ehre*) und Regisseur;
- **Rose Arianna McGowan** (geb. 1973) – US-amerikanische Schauspielerin (u. a. *Charmed – Zauberhafte Hexen*);
- **Victoria Davey „Tori" Spelling** (geb. 1973) – US-amerikanische Schauspielerin (u. a. *Beverly Hills 90210*);
- **Sarah Polley** (geb. 1979) – kanadische Schauspielerin (u. a. *Das geheime Leben der Worte*), Regisseurin und Drehbuchautorin.

Die 16 Persönlichkeits-
typen im Überblick

Der Animateur (ESTP)

Lebensmotto: *Lasst uns etwas unternehmen!*

Energisch, aktiv und unternehmerisch. Sie mögen die Gesellschaft anderer Menschen und sind imstande, den Augenblick zu genießen. Spontan, flexibel und offen für Veränderungen.

Enthusiastische Anreger und Initiatoren, die andere zum Handeln motivieren. Logisch, rational und überaus pragmatisch. *Animateure* sind Realisten, die abstrakte Ideen und die Zukunft betreffende Erwägungen ermüdend finden. Sie konzentrieren sich viel mehr auf konkrete Lösungen von aktuellen Problemen. Sie haben manchmal Schwierigkeiten bei der Organisation und Planung, denn sie neigen zu impulsiven Handlungen, weswegen es passieren kann, dass sie erst handeln und dann nachdenken.

Natürliche Veranlagungen des *Animateurs*

- Die Quelle seiner Lebensenergie: seine äußere Welt.
- Informationsaufnahme: Sinne.
- Art und Weise wie Entscheidungen getroffen werden: Verstand.
- Lebensstil: spontan.

Ähnliche Persönlichkeitstypen

- *Verwalter*
- *Praktiker*
- *Inspektor*

Statistische Angaben

- *Animateure* stellen ca. 6-10 % der Gesellschaft dar.
- Unter *Animateuren* überwiegen Männer (60 %).
- Das Land, welches dem Profil des *Animateurs* entspricht, ist Australien.[2]

---

[2] Dies bedeutet nicht, dass alle Einwohner von Australien zu dieser Gruppe gehören, wenngleich die australische Gesellschaft – als Ganzes – viele charakteristische Eigenschaften des *Animateurs* verkörpert.

Buchstaben-Code

Der universelle Code des *Animateurs* ist in den Jungschen Persönlichkeitstypologien ESTP.

Mehr:

Jarosław Jankowski
Ihr Persönlichkeitstyp: Animateur (ESTP)

Der Anwalt (ESFJ)

Lebensmotto: *Wie kann ich dir helfen?*

Enthusiastisch, energisch und gut organisiert. Praktisch, verantwortungsbewusst und gewissenhaft. Darüber hinaus herzlich und überaus gesellig.

Anwälte erkennen menschliche Stimmungen, Emotionen und Bedürfnisse. Sie schätzen Harmonie und vertragen schlecht Kritik oder Konflikte. Sie sind sehr sensibel in Bezug auf Ungerechtigkeiten sowie das Leid anderer Menschen. Sie interessieren sich aufrichtig für die Probleme anderer und sind glücklich, wenn sie ihnen helfen können. Indem sie sich um die Bedürfnisse anderer kümmern, vernachlässigen sie oftmals ihre eigenen. *Anwälte* neigen dazu, anderen auszuhelfen. Sie sind anfällig für Manipulationen.

Natürliche Veranlagungen des *Anwalts*

- Die Quelle seiner Lebensenergie: seine äußere Welt.
- Informationsaufnahme: Sinne.

- Art und Weise wie Entscheidungen getroffen werden: Herz.
- Lebensstil: organisiert.

Ähnliche Persönlichkeitstypen

- *Moderator*
- *Betreuer*
- *Künstler*

Statistische Angaben

- *Anwälte* stellen ca. 10-13 % der Gesellschaft dar.
- Unter *Anwälten* überwiegen Frauen (70 %).
- Das Land, welches dem Profil des *Anwalts* entspricht, ist Kanada.

Buchstaben-Code

Der universelle Code des *Anwalts* ist in den Jungschen Persönlichkeitstypologien ESFJ.

Mehr:

Jarosław Jankowski
Ihr Persönlichkeitstyp: Anwalt (ESFJ)

Der Berater (ENFJ)

Lebensmotto: *Meine Freunde sind meine Welt.*

Optimistisch, enthusiastisch und scharfsinnig. Höflich und taktvoll. Sie verfügen über ein unglaubliches Empathievermögen, wodurch es sie glücklich stimmt, durch selbstloses Handeln anderen Menschen Gutes zu tun. *Berater* vermögen es, Einfluss auf das Leben anderer zu nehmen – sie inspirieren, entdecken in ihnen verstecktes Potenzial und verleihen ihnen Glauben an das eigene Können. *Berater* strahlen Wärme aus, weswegen sie andere Menschen anziehen. Sie helfen ihnen oftmals, persönliche Probleme zu lösen.

Doch *Berater* neigen dazu, gutgläubig zu sein und die Welt durch eine rosarote Brille zu betrachten. Da sie ständig auf andere Menschen fixiert sind, vergessen sie oftmals ihre eigenen Bedürfnisse.

Natürliche Veranlagungen des *Beraters*

- Die Quelle seiner Lebensenergie: seine äußere Welt.
- Informationsaufnahme: Intuition.
- Art und Weise wie Entscheidungen getroffen werden: Herz.
- Lebensstil: organisiert.

Ähnliche Persönlichkeitstypen

- *Enthusiast*
- *Mentor*
- *Idealist*

Statistische Angaben

- *Berater* stellen ca. 3-5 % der Gesellschaft dar.
- Unter *Beratern* überwiegen Frauen (80 %).

- Das Land, welches dem Profil des *Beraters* entspricht, ist Frankreich.

Buchstaben-Code

Der universelle Code des *Beraters* ist in den Jungschen Persönlichkeitstypologien ENFJ.

Mehr:

Jarosław Jankowski
Ihr Persönlichkeitstyp: Berater (ENFJ)

Der Betreuer (ISFJ)

Lebensmotto: *Mir liegt viel an deinem Glück.*

Herzlich, bescheiden, vertrauenswürdig und überaus loyal. An erster Stelle stehen für *Betreuer* andere Menschen. Sie erkennen ihre Bedürfnisse und möchten ihnen helfen. Sie sind praktisch, gut organisiert und verantwortungsbewusst. Ferner zeichnen sie sich durch Geduld, Fleiß und Ausdauer aus. Sie führen ihre Pläne zu Ende.

Betreuer bemerken und prägen sich Details ein. Sie schätzen Ruhe, Stabilität und freundschaftliche Beziehungen zu anderen Menschen. Darüber hinaus vermögen sie es, Brücken zwischen Menschen zu bauen. Sie vertragen nur schlecht Kritik und Konflikte. *Betreuer* verfügen über ein starkes Pflichtbewusstsein und sind stets bereit anderen zu helfen. Manchmal werden sie von anderen ausgenutzt.

Natürliche Veranlagungen des *Betreuers*

- Die Quelle seiner Lebensenergie: sein Inneres.
- Informationsaufnahme: Sinne.
- Art und Weise wie Entscheidungen getroffen werden: Herz.
- Lebensstil: organisiert.

Ähnliche Persönlichkeitstypen

- *Künstler*
- *Anwalt*
- *Moderator*

Statistische Angaben

- *Betreuer* stellen ca. 8-12 % der Gesellschaft dar.
- Unter *Betreuern* überwiegen Frauen (70 %).
- Das Land, welches dem Profil des *Betreuers* entspricht, ist Schweden.

Buchstaben-Code

Der universelle Code des *Betreuers* ist in den Jungschen Persönlichkeitstypologien ISFJ.

Mehr:

Jarosław Jankowski
Ihr Persönlichkeitstyp: Betreuer (ISFJ)

Der Direktor (ENTJ)

Lebensmotto: *Ich sage euch, was zu tun ist!*

Unabhängig, aktiv und entschieden. Rational, logisch und kreativ. *Direktoren* betrachten analysierte Probleme in einem breiteren Kontext und sind imstande, die Konsequenzen von menschlichem Verhalten vorherzusehen. Sie zeichnen sich durch Optimismus und eine gesunde Selbstsicherheit aus. Sie können theoretische Konzepte in konkrete, praktische Pläne umwandeln.

Visionäre, Mentoren und Organisatoren. *Direktoren* verfügen über natürliche Führungsqualitäten. Ihre starke Persönlichkeit, ihr kritisches Urteilsvermögen sowie ihre Direktheit verunsichern andere Menschen häufig und führen zu Problemen bei zwischenmenschlichen Beziehungen.

Natürliche Veranlagungen des *Direktors*

- Die Quelle seiner Lebensenergie: seine äußere Welt.
- Informationsaufnahme: Intuition.
- Art und Weise wie Entscheidungen getroffen werden: Verstand.
- Lebensstil: organisiert.

Ähnliche Persönlichkeitstypen

- *Reformer*
- *Stratege*
- *Logiker*

Statistische Angaben

- *Direktoren* stellen ca. 2-5 % der Gesellschaft dar.
- Unter *Direktoren* überwiegen Männer (70 %).
- Das Land, welches dem Profil des *Direktors* entspricht, sind die Niederlande.

Buchstaben-Code

Der universelle Code des *Direktors* ist in den Jungschen Persönlichkeitstypologien ENTJ.

Mehr:

Jarosław Jankowski
Ihr Persönlichkeitstyp: Direktor (ENTJ)

Der Enthusiast (ENFP)

Lebensmotto: *Wir schaffen das!*

Energisch, enthusiastisch und optimistisch. Sie sind lebensfreudig und sind mit den Gedanken in der Zukunft. Dynamisch, scharfsinnig und kreativ. *Enthusiasten* mögen Menschen und schätzen ehrliche und authentische Beziehungen. Sie sind herzlich und emotional. *Enthusiasten* können aber schlecht mit Kritik umgehen. Sie verfügen über Empathie und erkennen die Bedürfnisse, Emotionen und Motive anderer Menschen. Sie inspirieren und stecken andere mit ihrem Enthusiasmus an.

Enthusiasten mögen es, im Zentrum der Aufmerksamkeit zu sein. Sie sind flexibel und vermögen es, zu improvisieren. Sie neigen zu idealistischen Ideen. *Enthusiasten* lassen sich einfach ablenken und haben Probleme damit, viele Angelegenheiten zu Ende zu bringen.

Natürliche Veranlagungen des *Enthusiasten*

- Die Quelle seiner Lebensenergie: seine äußere Welt.
- Informationsaufnahme: Intuition.
- Art und Weise wie Entscheidungen getroffen werden: Herz.
- Lebensstil: spontan.

Ähnliche Persönlichkeitstypen

- *Berater*
- *Idealist*
- *Mentor*

Statistische Angaben

- *Enthusiasten* stellen ca. 5-8 % der Gesellschaft dar.
- Unter *Enthusiasten* überwiegen Frauen (60 %).
- Das Land, welches dem Profil des *Enthusiasten* entspricht, ist Italien.

Buchstaben-Code

Der universelle Code des *Enthusiasten* ist in den Jungschen Persönlichkeitstypologien ENFP.

Mehr:

Jarosław Jankowski
Ihr Persönlichkeitstyp: Enthusiast (ENFP)

Der Idealist (INFP)

Lebensmotto: *Man kann anders leben.*

Sensibel, loyal und kreativ. Sie möchten im Ein-klang mit ihren Werten leben. *Idealisten* interessie-ren sich für die spirituelle Wirklichkeit und gehen den Geheimnissen des Lebens nach. Sie nehmen sich die Probleme der Welt zu Herzen und stehen Bedürfnissen anderer Menschen offen gegenüber. *Idealisten* schätzen Harmonie und Ausgeglichen-heit.

Sie sind romantisch und dazu fähig, ihre Liebe zu anderen zu äußern, wobei sie selbst auch Wärme und Zärtlichkeit brauchen. Sie vermögen es, Motive und Gefühle anderer Menschen hervor-ragend zu erkennen. *Idealisten* bauen gesunde, tief-gründige und dauerhafte Beziehungen auf. In Konfliktsituationen verlieren sie den Boden unter den Füßen. Sie können Kritik und Stress nicht ver-tragen.

Natürliche Veranlagungen des *Idealisten*

- Die Quelle seiner Lebensenergie: seine in-nere Welt.
- Informationsaufnahme: Intuition.
- Art und Weise wie Entscheidungen ge-troffen werden: Herz.
- Lebensstil: spontan.

Ähnliche Persönlichkeitstypen

- *Mentor*
- *Enthusiast*
- *Berater*

Statistische Angaben

- *Idealisten* stellen ca. 1-4 % der Gesellschaft dar.
- Unter *Idealisten* überwiegen Frauen (60 %).
- Das Land, welches dem Profil des *Idealisten* entspricht, ist Thailand.

Buchstaben-Code

Der universelle Code des *Idealisten* ist in den Jungschen Persönlichkeitstypologien INFP.

Mehr:

Jarosław Jankowski
Ihr Persönlichkeitstyp: Idealist (INFP)

Der Inspektor (ISTJ)

Lebensmotto: *Die Pflicht geht vor.*

Menschen, auf die man sich immer verlassen kann. Wohlerzogen, pünktlich, zuverlässig, gewissenhaft, verantwortungsbewusst – die Zuverlässigkeit in Person. Analytisch, methodisch, systematisch und logisch. *Inspektoren* werden als beherrschte, kühle und ernsthafte Menschen angesehen. Sie schätzen Ruhe, Stabilität und Ordnung. *Inspektoren* mögen keine Veränderungen, dafür aber klare und konkrete Regeln.

Sie sind arbeitsam und ausdauernd, weswegen sie Angelegenheiten zu Ende bringen können. Es sind Perfektionisten, die über alles die Kontrolle haben möchten. Sie äußern sparsam Lob und sind nicht imstande, der Wichtigkeit der Gefühle und Emotionen anderer Menschen die gebürtige Beachtung zu schenken.

Natürliche Veranlagungen des *Inspektors*

- Die Quelle seiner Lebensenergie: seine innere Welt.
- Informationsaufnahme: Sinne.
- Art und Weise wie Entscheidungen getroffen werden: Verstand.
- Lebensstil: organisiert.

Ähnliche Persönlichkeitstypen

- *Praktiker*
- *Verwalter*
- *Animateur*

Statistische Angaben

- *Inspektoren* stellen ca. 6-10 % der Gesellschaft dar.
- Unter *Inspektoren* überwiegen Männer (60 %).
- Das Land, welches dem Profil des *Inspektors* entspricht, ist die Schweiz.

Buchstaben-Code

Der universelle Code des *Inspektors* ist in den Jungschen Persönlichkeitstypologien ISTJ.

Mehr:

Jarosław Jankowski
Ihr Persönlichkeitstyp: Inspektor (ISTJ)

Der Künstler (ISFP)

Lebensmotto: *Lasst uns etwas erschaffen!*

Sensibel, kreativ und originell. Sie haben ein Gefühl für Ästhetik und angeborene künstlerische Fähigkeiten. Unabhängig – *Künstler* agieren nach ihrem eigenen Wertesystem und ordnen sich keinerlei Druck von außen unter. Sie sind optimistisch und verfügen über eine positive Lebenseinstellung, weswegen sie jeden Augenblick genießen können.

Sie sind glücklich, wenn sie anderen helfen können. Abstrakte Theorien langweilen sie, denn *Künstler* ziehen es vor, die Realität zu erschaffen und nicht über sie zu sprechen. Es fällt ihnen jedoch weitaus leichter, neue Pläne zu realisieren, als bereits begonnene abzuschließen. Sie haben Schwierigkeiten, ihre eigenen Bedürfnisse und Wünsche zu äußern.

Natürliche Veranlagungen des *Künstlers*

- Die Quelle seiner Lebensenergie: seine innere Welt.
- Informationsaufnahme: Sinne.

- Art und Weise wie Entscheidungen getroffen werden: Herz.
- Lebensstil: spontan.

Ähnliche Persönlichkeitstypen

- *Betreuer*
- *Moderator*
- *Anwalt*

Statistische Angaben

- *Künstler* stellen ca. 6-9 % der Gesellschaft dar.
- Unter *Künstlern* überwiegen Frauen (60 %).
- Das Land, welches dem Profil des *Künstlers* entspricht, ist China.

Buchstaben-Code

Der universelle Code des *Künstlers* ist in den Jungschen Persönlichkeitstypologien ISFP.

Mehr:

Jarosław Jankowski
Ihr Persönlichkeitstyp: Künstler (ISFP)

Der Logiker (INTP)

Lebensmotto: *Man muss vor allem die Wahrheit über die Welt kennenlernen.*

Originell, einfallsreich und kreativ. *Logiker* mögen es, theoretische Probleme zu lösen. Sie sind analytisch, scharfsinnig und begegnen neuen Ideen mit Begeisterung. *Logiker* vermögen es, einzelne Phänomene zu verbinden und mithilfe von ihnen allgemeine Regeln und Theorien aufzustellen. Sie agieren logisch, präzise und tiefgründig. Unklare Zusammenhänge und Inkonsequenzen werden von ihnen schnell erkannt.

Sie sind unabhängig und skeptisch gegenüber bereits vorliegenden Lösungen sowie Autoritäten. Zugleich sind sie tolerant und offen für neue Herausforderungen. Versunken in Gedanken verlieren sie ab und an den Kontakt zur Außenwelt.

Natürliche Veranlagungen des *Logikers*

- Die Quelle seiner Lebensenergie: seine innere Welt.
- Informationsaufnahme: Intuition.
- Art und Weise wie Entscheidungen getroffen werden: Verstand.
- Lebensstil: spontan.

Ähnliche Persönlichkeitstypen

- *Stratege*
- *Reformer*
- *Direktor*

Statistische Angaben

- *Logiker* stellen ca. 2-3 % der Gesellschaft dar.
- Unter *Logikern* überwiegen Männer (80 %).
- Das Land, welches dem Profil des *Logikers* entspricht, ist Indien.

Buchstaben-Code

Der universelle Code des *Logikers* ist in den Jungschen Persönlichkeitstypologien INTP.

Mehr:

Jarosław Jankowski
Ihr Persönlichkeitstyp: Logiker (INTP)

Der Mentor (INFJ)

Lebensmotto: *Die Welt könnte besser sein!*

Kreativ, sensibel, auf die Zukunft fixiert. *Mentoren* sehen Möglichkeiten, die andere Menschen nicht erkennen. Es sind Idealisten und Visionäre, die sich darauf konzentrieren, Menschen zu helfen. Pflichtbewusst und verantwortungsbewusst, zugleich auch höflich, fürsorglich und freundschaftlich. Sie versuchen, die Mechanismen der Weltordnung zu verstehen und betrachten Probleme aus einer breiten Perspektive.

Hervorragende Zuhörer und Beobachter. Sie zeichnen sich aus durch Empathie, Intuition und Vertrauen in Menschen. *Mentoren* sind imstande,

Gefühle und Emotionen zu lesen, können wiederum aber nur schlecht Kritik annehmen und sich in Konfliktsituationen zurechtfinden. Andere können sie gelegentlich als enigmatisch empfinden.

Natürliche Veranlagungen des *Mentors*

- Die Quelle seiner Lebensenergie: seine innere Welt.
- Informationsaufnahme: Intuition.
- Art und Weise wie Entscheidungen getroffen werden: Herz.
- Lebensstil: organisiert.

Ähnliche Persönlichkeitstypen

- *Idealist*
- *Berater*
- *Enthusiast*

Statistische Angaben

- *Mentoren* stellen ca. 1 % der Gesellschaft dar und sind damit der seltenste Persönlichkeitstyp.
- Unter *Mentoren* überwiegen Frauen (80 %).
- Das Land, welches dem Profil des *Logikers* entspricht, ist Norwegen.

Buchstaben-Code

Der universelle Code des *Mentors* ist in den Jungschen Persönlichkeitstypologien INFJ.

Mehr:

Jarosław Jankowski
Ihr Persönlichkeitstyp: Mentor (INFJ)

Der Moderator (ESFP)

Lebensmotto: *Heute ist der richtige Zeitpunkt!*

Optimistisch, energisch und offen gegenüber Menschen. *Moderatoren* sind lebenslustig und haben gerne Spaß. Sie sind praktisch, zugleich aber auch flexibel und spontan. Sie mögen Veränderungen und neue Erfahrungen. Einsamkeit, Stagnation und Routine hingegen vertragen sie eher schlecht. *Moderatoren* mögen es, im Zentrum der Aufmerksamkeit zu stehen.

Sie verfügen über ein natürliches Schauspieltalent und über die Gabe, interessant und packend zu berichten. Indem sie sich auf das Hier und Jetzt konzentrieren verlieren sie manchmal langfristige Ziele aus den Augen. Sie neigen dazu, Konsequenzen ihres Handelns nicht richtig einschätzen zu können.

Natürliche Veranlagungen des *Moderators*

- Die Quelle seiner Lebensenergie: seine äußere Welt.
- Informationsaufnahme: Sinne.
- Art und Weise wie Entscheidungen getroffen werden: Herz.
- Lebensstil: spontan.

Ähnliche Persönlichkeitstypen

- *Anwalt*
- *Künstler*
- *Betreuer*

Statistische Angaben

- *Moderatoren* stellen ca. 8-13 % der Gesellschaft dar.
- Unter *Moderatoren* überwiegen Frauen (60 %).
- Das Land, welches dem Profil des *Moderators* entspricht, ist Brasilien.

Buchstaben-Code

Der universelle Code des *Moderators* ist in den Jungschen Persönlichkeitstypologien ESFP.

Mehr:

Jarosław Jankowski
Ihr Persönlichkeitstyp: Moderator (ESFP)

Der Praktiker (ISTP)

Lebensmotto: *Taten sind wichtiger als Worte.*

Optimistisch, spontan und mit einer positiven Lebenseinstellung. Beherrschte und unabhängige Menschen, die ihren eigenen Überzeugungen treu sind und äußeren Normen und Regeln skeptisch gegenüberstehen. *Praktiker* sind nicht an Theorien oder Überlegungen bzgl. der Zukunft interessiert. Sie ziehen es vor, konkrete und handfeste Probleme zu lösen.

Sie passen sich gut an neue Orte und Situationen an und mögen Herausforderungen und das Risiko. Ferner vermögen sie es, bei Gefahr einen kühlen Kopf zu behalten. Ihre Wortkargheit und extreme Zurückhaltung bei der Äußerung von Meinungen bewirken, dass sie für andere Menschen manchmal unverständlich erscheinen.

Natürliche Veranlagungen des *Praktikers*

- Die Quelle seiner Lebensenergie: seine innere Welt.
- Informationsaufnahme: Sinne.
- Art und Weise wie Entscheidungen getroffen werden: Verstand.
- Lebensstil: spontan.

Ähnliche Persönlichkeitstypen

- *Inspektor*
- *Animateur*
- *Verwalter*

Statistische Angaben

- *Praktiker* stellen ca. 6-9 % der Gesellschaft dar.
- Unter *Praktiker* überwiegen Männer (60 %).
- Das Land, welches dem Profil des *Praktikers* entspricht, ist Singapur.

Buchstaben-Code

Der universelle Code des *Praktikers* ist in den Jungschen Persönlichkeitstypologien ISTP.

Mehr:

Jarosław Jankowski
Ihr Persönlichkeitstyp: Praktiker (ISTP)

Der Reformer (ENTP)

Lebensmotto: *Und wenn man versuchen würde, es anders zu machen?*

Ideenreich, originell und unabhängig. *Reformer* sind Optimisten. Sie sind energisch und unternehmerisch. Wahrhaftige Tatmenschen, die gerne im Zentrum des Geschehens sind und „unlösbare Probleme" lösen. Sie sind an der Welt interessiert, risikofreudig und ungeduldig. Visionäre, die offen für neue Ideen sind. Sie mögen neue Erfahrungen und Experimente. Ferner erkennen sie die Verbindungen zwischen einzelnen Ereignissen und sind mit ihren Gedanken in der Zukunft.

Spontan, kommunikativ und selbstsicher. *Reformer* neigen dazu, ihre eigenen Fähigkeiten zu überschätzen. Darüber hinaus haben sie Probleme damit, etwas zu Ende zu bringen.

Natürliche Veranlagungen des *Reformers*

- Die Quelle seiner Lebensenergie: seine äußere Welt.
- Informationsaufnahme: Intuition.

- Art und Weise wie Entscheidungen getroffen werden: Verstand.
- Lebensstil: spontan.

Ähnliche Persönlichkeitstypen

- *Direktor*
- *Logiker*
- *Stratege*

Statistische Angaben

- *Reformer* stellen ca. 3-5 % der Gesellschaft dar.
- Unter *Reformern* überwiegen Männer (70 %).
- Das Land, welches dem Profil des *Reformers* entspricht, ist Israel.

Buchstaben-Code

Der universelle Code des *Reformers* ist in den Jungschen Persönlichkeitstypologien ENTP.

Mehr:

Jarosław Jankowski
Ihr Persönlichkeitstyp: Reformer (ENTP)

Der Stratege (INTJ)

Lebensmotto: *Das lässt sich perfektionieren!*

Unabhängige, herausragende Individualisten, die über unglaublich viel Energie verfügen. Sie sind kreativ und einfallsreich. Von anderen werden sie als kompetente und selbstsichere Menschen angesehen, wenngleich sie distanziert und enigmatisch wirken. *Strategen* betrachten alle Angelegenheiten aus einer breiten Perspektive. Sie möchten ihre Umwelt perfektionieren und ordnen.

Strategen sind gut organisiert, verantwortungsbewusst, kritisch und anspruchsvoll. Es ist schwer, sie aus dem Gleichgewicht zu bringen. Zugleich ist es aber auch nicht einfach, sie völlig zufrieden zu stellen. Ihre Natur erschwert es ihnen, die Gefühle und Emotionen anderer Menschen zu erkennen.

Natürliche Veranlagungen des *Strategen*

- Die Quelle seiner Lebensenergie: seine innere Welt.
- Informationsaufnahme: Intuition.
- Art und Weise wie Entscheidungen getroffen werden: Verstand.
- Lebensstil: organisiert.

Ähnliche Persönlichkeitstypen

- *Logiker*
- *Direktor*
- *Reformer*

Statistische Angaben

- *Strategen* stellen ca. 1-2 % der Gesellschaft dar.
- Unter *Strategen* überwiegen Männer (80 %).
- Das Land, welches dem Profil des *Strategen* entspricht, ist Finnland.

Buchstaben-Code

Der universelle Code des *Strategen* ist in den Jungschen Persönlichkeitstypologien INTJ.

Mehr:

Jarosław Jankowski
Ihr Persönlichkeitstyp: Stratege (INTJ)

Der Verwalter (ESTJ)

Lebensmotto: *Erledigen wir diese Aufgabe!*

Fleißig, verantwortungsbewusst und überaus loyal. Energisch und entschieden. Sie schätzen Ordnung, Stabilität, Sicherheit und klare Regeln. *Verwalter* sind sachlich und konkret. Sie sind logisch, rational und praktisch. Sie vermögen es, sich eine große Menge detaillierter Informationen anzueignen.

Hervorragende Organisatoren, die Ineffizienz, Verschwendung und Faulheit nicht dulden. Sie sind ihren Überzeugungen treu und aufgeschlossen gegenüber anderen Menschen. Sie legen ihre Meinung entschieden dar und üben offen Kritik aus, weswegen sie manchmal ungewollt andere Menschen verletzen.

Natürliche Veranlagungen des *Verwalters*

- Die Quelle seiner Lebensenergie: seine äußere Welt.
- Informationsaufnahme: Sinne.
- Art und Weise wie Entscheidungen getroffen werden: Verstand.

- Lebensstil: organisiert.

Ähnliche Persönlichkeitstypen

- *Animateur*
- *Inspektor*
- *Praktiker*

Statistische Angaben

- *Verwalter* stellen ca. 10-13 % der Gesellschaft dar.
- Unter *Verwaltern* überwiegen Männer (60 %).
- Das Land, welches dem Profil des *Verwalters* entspricht, sind die USA.

Buchstaben-Code

Der universelle Code des *Verwalters* ist in den Jungschen Persönlichkeitstypologien ESTJ.

Mehr:

Jarosław Jankowski
Ihr Persönlichkeitstyp: Verwalter (ESTJ)

Anhang

Die vier natürlichen Veranlagungen

1. Dominierende Quelle der Lebensenergie

   o ÄUSSERE WELT
     Menschen, die ihre Energie aus der
     Umwelt schöpfen, die Aktivitäten und
     Kontakt mit anderen Menschen benö-
     tigen. Sie vertragen längere Einsam-
     keit nur schlecht.

   o INNERE WELT
     Menschen, die ihre Energie aus ihrem
     Innern schöpfen, die Ruhe und Ein-
     samkeit brauchen. Sie fühlen sich er-
     schöpft, wenn sie längere Zeit mit an-
     deren Menschen verbringen.

2. Dominierende Art, Informationen aufzunehmen

    o SINNE
       Menschen, die auf ihre fünf Sinne vertrauen. Sie glauben an Fakten und Beweise und mögen erprobte Methoden sowie praktische und konkrete Aufgaben. Sie sind Realisten, die sich auf ihre Erfahrung stützen.

    o INTUITION
       Menschen, die auf ihren sechsten Sinn vertrauen. Sie lassen sich durch Vorahnungen leiten und mögen innovative Lösungen sowie Probleme theoretischer Natur. Sie zeichnen sich durch eine kreative Herangehensweise sowie die Fähigkeit aus, Dinge vorherzusehen.

3. Dominierende Art, Entscheidungen zu treffen

    o VERSTAND
       Menschen, die sich nach ihrer Logik und objektiven Regeln richten. Sie sind kritisch und direkt, wenn sie ihre Meinung äußern.

    o HERZ
       Menschen, die sich nach ihren Empfindungen und Werten richten. Sie

streben nach Harmonie und Einverständnis mit anderen.

4. Dominierender Lebensstil

o ORGANISIERT
Menschen, die pflichtbewusst und organisiert sind. Sie schätzen Ordnung und mögen es, nach Plan zu handeln.

o SPONTAN
Flexible Menschen, die ihre Freiheit schätzen. Sie erfreuen sich des Augenblicks und finden sich gut in neuen Situationen zurecht.

Geschätzter Anteil der einzelnen Persönlichkeitstypen an der Bevölkerung (in %)

Persönlichkeitstyp	Anteil
Animateur (ESTP):	6 – 10 %
Anwalt (ESFJ):	10 – 13 %
Berater (ENFJ):	3 – 5 %
Betreuer (ISFJ):	8 – 12 %
Direktor (ENTJ):	2 – 5 %
Enthusiast (ENFP):	5 – 8 %
Idealist (INFP):	1 – 4 %
Inspektor (ISTJ):	6 – 10 %
Künstler (ISFP):	6 – 9 %
Logiker (INTP):	2 – 3 %
Mentor (INFJ):	ca. 1 %

Moderator (ESFP):	8 – 13 %
Praktiker (ISTP):	6 – 9 %
Reformer (ENTP):	3 – 5 %
Stratege (INTJ):	1 – 2 %
Verwalter (ESTJ):	10 – 13 %

Geschätztes prozentuales Verhältnis von Frauen und Männern je nach Persönlichkeitstyp

Persönlichkeitstyp	Frauen/Männer
Animateur (ESTP):	40 % / 60 %
Anwalt (ESFJ):	70 % / 30 %
Berater (ENFJ):	80 % / 20 %
Betreuer (ISFJ):	70 % / 30 %
Direktor (ENTJ):	30 % / 70 %
Enthusiast (ENFP):	60 % / 40 %
Idealist (INFP):	60 % / 40 %
Inspektor (ISTJ):	40 % / 60 %
Künstler (ISFP):	60 % / 40 %
Logiker (INTP):	20 % / 80 %
Mentor (INFJ):	80 % / 20 %
Moderator (ESFP):	60 % / 40 %
Praktiker (ISTP):	40 % / 60 %
Reformer (ENTP):	30 % / 70 %
Stratege (INTJ):	20 % / 80 %
Verwalter (ESTJ):	40 % / 60 %

Literaturverzeichnis

- Arraj, J. (1990): *Tracking the Elusive Human, Volume 2: An Advanced Guide to the Typological Worlds of C. G. Jung, W.H. Sheldon, Their Integration, and the Biochemical Typology of the Future.* Midland, OR: Inner Growth Books.

- Arraj, J. / Arraj, T. (1988): *Tracking the Elusive Human, Volume 1: A Practical Guide to C.G. Jung's Psychological Types, W.H. Sheldon's Body and Temperament Types and Their Integration.* Chiloquin, OR: Inner Growth Books.

- Berens, L. V. / Cooper, S. A. / Ernst, L. K. / Martin, C. R. / Myers, S. / Nardi, D. / Pearman, R. R./Segal, M./Smith, M. A. (2002): *Quick Guide to the 16 Personality Types in Organizations: Understanding Personality Differences in the Workplace.* Fountain Valley, CA: Telos Publications.

- Geier, J. G./Downey, D. E. (1989): *Energetics of Personality*: Success Through Quality

Action. Minneapolis, MN: Aristos Publishing House.

- Hunsaker, P. L. / Alessandra, T. (1986): *The Art of Managing People*. New York, NY: Simon and Schuster.

- Jung, C. G. (1995): *Psychologische Typen*. Ostfildern: Patmos Verlag.

- Kise, J. A. G. / Krebs Hirsh, S. / Stark, D. (2005): *LifeKeys: Discover Who You Are*. Bloomington, MN: Bethany House.

- Kroeger, O. / Thuesen, J. M. (1988): *Type Talk or How to Determine Your Personality Type and Change Your Life*. New York, NY: Delacorte Press.

- Lawrence, G. D. (1997): *Looking at Type and Learning Styles*. Gainesville, FL: Center for Applications of Psychological Type.

- Lawrence, G. D. (1993): *People Types and Tiger Stripes*. Gainesville, FL: Center for Applications of Psychological Type.

- Maddi, S. R. (2001): *Personality Theories: A Comparative Analysis*. Long Grove, IL: Waveland Press.

- Martin, C. R. (2001): *Looking at Type: The Fundamentals Using Psychological Type To Understand and Appreciate Ourselves and Others*. Gainesville, FL: Center for Applications of Psychological Type.

- Meier, C. A. (1986): *Persönlichkeit: Der Individuationsprozess im Lichte der Typologie C. G. Jungs*. Einsiedeln: Daimon.

- Pearman, R. R. / Albritton, S. C. (2010): *I'm Not Crazy, I'm Just Not You: The Real Meaning of the Sixteen Personality Types.* Boston, MA: Nicholas Brealey Publishing.

- Segal,M. (2001): *Creativity and Personality Type: Tools for Understanding and Inspiring the Many Voices of Creativity.* Fountain Valley, CA: Telos Publications.

- Sharp, D. (1987): *Personality Type: Jung's Model of Typology.* Toronto: Inner City Books.

- Spoto, A. (1995): *Jung's Typology in Perspective.* Asheville, NC: Chiron Publications.

- Tannen, D. (1990): *You Just Don't Understand:* Women and Men in Conversation. New York, NY: William Morrow and Company.

- Thomas, J. C. / Segal, D. L. (2005): *Comprehensive Handbook of Personality and Psychopathology, Personality and Everyday Functioning.* Hoboken, NJ: Wiley.

- Thomson, L. (1998): *Personality Type: An Owner's Manual.* Boston, MA: Shambhala.

- Tieger, P. D./Barron-Tieger, B. (2000): *Just Your Type: Create the Relationship You've Always Wanted Using the Secrets of Personality Type.* New York, NY: Little, Brown and Company.

- Von Franz, M.-L. / Hillman, J. (1971): *Lectures on Jung's Typology.* New York, NY: Continuum International Publishing Group.

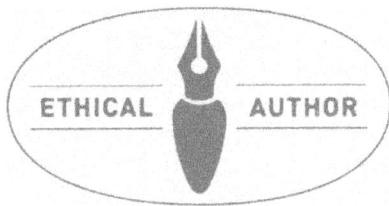

Der Leser steht an erster Stelle.

Eine Autorenkampagne
der Alliance of Independent Authors